CATALOGUE

D'UNE NOMBREUSE COLLECTION

D'ESTAMPES

ET DE DESSINS,

Du Cabinet de feu M. Lainé, *de Lausanne.*

RÉDIGÉ PAR G. DELANDE.

La Vente aura lieu les 15, 16, 17, 18 *et* 19
Avril 1839, *par le ministère de* M.ᵉ *Bonnefons
de la Vialle, Commissaire-Priseur, Hôtel des
Ventes, rue des Jeûneurs, n.º* 16, *Salle n.º* 3,
à 7 *heures du soir.*

————

L'Exposition publique aura lieu le Dimanche 14,
de midi à 4 heures.

LE CATALOGUE SE DISTRIBUE

Chez {
M.ᵉ BONNEFONS DE LA VIALLE, Commissaire-Priseur, rue de Choiseul, n.º 11 ;
M. G. DELANDE, impasse Delta, n.º 5, faub. Poissonnière.

ORDRE DES VACATIONS.

Ire VACATION, *le Lundi* 15 *Avril* 1839.

DESSINS. N.ºs 1 à 15, 54.

ESTAMPES. N.ºs 57 à 66, 175 à 184, 243, 269 à 284, 300 à 309, 358 à 375, 415, 416, 419, 421.

IIe VACATION, *le Mardi* 16 *Avril*.

DESSINS. N.ºs 16 à 31, 55.

ESTAMPES. N.ºs 94, 108 à 127, 185 à 194, 244, 260, 268, 310 à 315, 376 à 390, 411 à 414.

IIIe VACATION, *le Mercredi* 17 *Avril*.

DESSINS. N.ºs 32 à 47, 56.

ESTAMPES. N.ºs 77 à 86, 95, 128 à 147, 195 à 203, 245 à 259, 316, 317.

IVe VACATION, *le Jeudi* 18 *Avril*.

DESSINS. N.ºs 48 à 53.

ESTAMPES. 87 à 93, 148 à 174, 204 à 214, 285 à 294, 318 à 337, 391 à 400, 417.

Ve VACATION, *le Vendredi* 19 *Avril*.

ESTAMPES. N.ºs 67 à 76, 96 à 107, 215 à 242, 295 à 299, 338 à 357, 401 à 410, 418.

Nota. Les Adjudicataires paieront en sus du prix d'Adjudication, 5 pour o/o applicable aux frais de la vente.

NOTICE.

Ainsi que les Cabinets d'Estampes les plus ri-
ches, celui dont le détail se trouve dans ce Catalogue est le résultat du goût et des soins de deux
générations successives : M. Lainé père, amateur
éclairé, qui avait épousé la sœur de Daniel Chodowiesky, dessinateur des plus productifs et dont
les gravures à l'eau-forte ont été très-recherchées
par les amateurs; puis M. Lainé, son fils, qui,
pour se délasser des travaux importans qu'exi-
geaient ses fonctions de Directeur des mines, par-
courait les catalogues et les portefeuilles, pour
augmenter la Collection que lui avait laissée son
père.

Aussi trouve-t-on dans le Cabinet de M. Lainé
des OEuvres justement recherchés, et parmi lesquels
nous ferons remarquer ceux du comte de Goudt,
n° 140; de Carle Dujardin, n° 143; Antoine Waterloo, n° 146 à 151 ; Albert Van Everdingen, n°° 152
et 153; Moïse Uytenbroeck, n° 154.

L'OEuvre de Rembrandt, n°° 175 à 199. Les
Pièces sont généralement bien conservées et presque toutes anciennes épreuves. Nous appellerons
l'attention des amateurs sur l'OEuvre de Chodowiesky, n° 214, dans lequel on trouve des Pièces

répétées plusieurs fois et avec des remarques fort rares : nous dirons que cet OEuvre pourrait, en quelque sorte, être considéré comme formé par le graveur lui-même, puisque c'est lui qui se plaisait à envoyer à son beau-frère tout ce qu'il trouvait de mieux dans les nombreuses compositions que sa facilité semblait produire et multiplier à l'infini.

Nous ferons les mêmes remarques sur l'OEuvre d'un artiste français, Guy de Marcenay, n° 296, dans lequel presque toutes les Pièces sont répétées deux et trois fois, et dont quelques différences sont fort rares. L'OEuvre de Jean-Jacques de Boissieu, n°˙ 300 à 326, ne contient que d'anciennes épreuves bien conservées, et dont quelques-unes sont sur papier de Chine. Nous terminerons enfin, en appelant l'attention des amateurs sur des Eaux-Fortes rares de quelques Maîtres.

Parmi les Français, nous citerons les noms de Ducerceau, Barrière, Dassonville, Biard, Gillot, Vien, Chaufourier, Eisen, Manglard, Baudoin, Grobon; et, parmi les Anglais, ceux de Smith de Chichester, Gaywood, Griffier, Goupil, Stuart et Worlidge.

CATALOGUE.

DESSINS.

BRIL (Paul).

1 Paysages à la plume et au pinceau. 3 Pièces.

REMBRANDT (Van-Rhyn).

2 Croquis à la plume et au lavis. 20 Pièces.
Cet article sera divisé.

HIRE (Laurent de la).

3 Glaucus et une Naïade, à la pierre noire.

CORNEILLE (Michel).

4 Deux Bacchanales au lavis; un Paysage à la sanguine, contre-épr. 3 Pièces.

5 Adoration des Bergers; Jésus-Christ aux limbes; diverses Vignettes. 11 Pièces.

PICART (Bernard).

6 Apollon et Diane; quatre Vignettes; Scènes familières à l'encre de Chine et à la sépia. 9 Pièces.

NANTEUIL (Robert).

7 Portrait d'un Jeune Homme vu de trois quarts, demi-nature, aux crayons rouge et noir.

LAFAGE et **BOITARD**.

8 Diverses Scènes mythologiques, à la sépia et à l'encre de Chine. 17 Pièces.

DIEU (Antoine).

9 La Nativité, l'Adoration des Bergers, la Cène,

l'Assomption, etc., petites vignettes à la sanguine. 7 Pièces.

10 Plusieurs Sujets de l'Ancien et du Nouveau Testament, ainsi que de la Vie des Saints, petites vignettes lavées à l'encre de Chine et à la sépia.
20 Pièces.

OUDRY (JEAN-BAPTISTE).

11 L'Ivrogne et sa Femme, 2 Pièces lavées à l'encre
de Chine.

LEMOINE (FRANÇOIS).

12 Sacrifice d'Abraham, à la sanguine; Diane en
repos, très joli dessin aux crayons rouge et noir.
2 Pièces.

BOUCHARDON (EDME).

13 Un Fleuve; plusieurs Études et Croquis de figures
ou d'animaux à la sanguine. 9 Pièces.

BOUCHER (FRANÇOIS).

14 Vénus et l'Amour, au pastel; un Enfant debout,
aux crayons rouge et noir. 2 Pièces.

15 Abraham sacrifiant Isaac, Toilette de Vénus,
l'Amour et les Grâces, Diane endormie, aux
crayons noir et blanc, sur papier bleu. 4 Pièces.

16 Études d'Amours, croquis à la sanguine, à la
pierre noire, sur papier blanc ou bleu. 5 Pièces.

17 Compositions diverses sur papier bleu; 2 Paysages
à la pierre noire, sur papier blanc. 5 Pièces.

18 Têtes d'études, au pastel ou aux crayons rouge et
noir. 7 Pièces.

19 Scènes diverses de Vénus et d'Amours; croquis à
la plume. 10 Pièces.

VANLOO (Les).

20 Le Calvaire, croquis à la plume; saint Michel
renversant les Démons, dessin à la sanguine;
Figures d'études, à l'estompe, etc. 9 Pièces.

JOLLAIN, 1744 à 1764.

21 Diverses Compositions, Études et Croquis à la
plume ou au lavis. 8 Pièces.

EISEN (Charles), 1754.

22 Suite de six Vignettes à la mine de plomb; une
Famille en voyage, etc. 8 Pièces.

GRAVELOT (Hubert).

23 Scènes de Guliver, à la sépia. 2 Pièces.

24 Études de Figures et Costumes, à la pierre noire,
dont une à la sanguine. 9 Pièces.

25 Têtes d'étude, Croquis, Études de figures, à la
plume et aux crayons. 12 Pièces.

VIEN (Joseph-Marie).

26 Jésus-Christ descendu de la Croix, croquis à la
plume; Têtes d'étude à la sanguine. 2 Pièces.

LANTARA.

27 Paysages aux crayons noir et blanc. 2 Pièces.

ROBERT (Hubert).

28 Paysages à la sanguine ou lavés. 4 Pièces.

PILLEMENT (Jean).

29 Paysages à la pierre noire. 4 Pièces.

HUET (Jean-Baptiste).

30 Scènes familières; Paysages au lavis ou à l'aquarelle. 8 Pièces.

LE PRINCE (Jean-Baptiste).

31 Compositions diverses, Études, lavées ou dessinées. 5 Pièces.

WILLE (Jean-Georges).

32 Deux Paysages à l'aquarelle, deux à la sépia. 4 P.

PALMERIUS.

33 Joseph devant Pharaon, Études de Squelettes, Paysages, etc. 6 Pièces.

GAINSBOROUGH.

34 Etude d'un Portrait de femme, Croquis à la pierre noire.

CIPRIANI (Jean-Baptiste).

35 Études lavées et à la plume. 3 Pièces.

36 Compositions diverses, lavées ou au crayon. 3 P.

NORBLIN.

37 Jeux d'Enfans, à l'aquarelle. 2 Pièces.

ZING, 1761.

38 Paysages lavés à l'encre de Chine et au bistre. 4 P.

WEBER, 1773.

39 Scènes champêtres, lavées au bistre. 4 Pièces.

WALLAERT, *de Lille* (P. et D.).

40 Paysages lavés et en couleur. 4 Pièces.

SPANIS et L. LESUEUR, 1774.

41 Paysages à la pierre noire et à la sépia. 5 Pièces.

MAYER.

42 Berger conduisant un troupeau, et un Chartier
rentrant à la ferme, au lavis. 2 Pièces.

DILLE.

43 Petits Paysages au lavis. 4 Pièces.

VAN GOYEN.

44 Paysages et Marines, lavés. 2 Pièces.

GLISIER.

45 Diverses Scènes mythologiques, petits Dessins pour
des boîtes émaillées avec des ornemens du
règne de Louis XV. 6 Pièces.

BURCH (Vander).

46 Paysages et Marines, à la mine de plomb et à la
pierre noire rehaussées de blanc. 8 Pièces.

47 Un Portrait d'homme dans le costume du règne de
Henri III, aquarelle curieuse.

48 Scène de théâtre, par Watteau; Halte de cavalerie,
Croquis lavés, par Delarue, Bacchanale, etc. 4 P.

49 Études, Costumes et Vues aux crayons rouge et
noir, par Watteau; une au lavis, par Boucher;
une à la sanguine, par Deshayes. 3 Pièces.

50 Mars et Vénus, par Pierre; Apollon et Daphnée,
par Deshayes; Bacchanales, etc., par Duverger;
Dessins lavés et coloriés. 6 Pièces.

51 Vue de l'intérieur d'une salle de spectacles, 1767,
à la pierre noire, par R. A. Wille; plusieurs
Études de costumes, par divers. 7 Pièces.

52 Grande Étude de Paysage, aux crayons rouge et

noir, par G. Taraval; Vue d'architecture, par
de Machy; deux Paysages à la pierre noire, par
Moitte, etc. 6 Pièces.

53 Compositions diverses et Paysages, croquis, par
B. Konig, Lautherbourg, Rode, etc. 6 Pièces.

54 Divers Dessins attribués à des Maîtres de l'École
italienne, tels que Jules Romain, Carrache,
Salvator Rosa, Guerchin, Panini, etc. 31 P.
    Cet article sera divisé.

55 Diverses Études, par des Maîtres allemands. 27 P.
    Cet article sera divisé.

56 Divers Dessins attribués à Largillière, Rigaud,
Parocel, Boitard, etc. 188 Pièces.
    Cet article sera divisé.

ÉCOLE ITALIENNE.

ANDREANI (ANDRÉ).

57 Compositions gravées en camaïeux et sur bois.
6 Pièces.

VIEUX MAITRES.

58 Plusieurs Pièces par Jacques de Barbary, Rever-
dinus, Collaert et autres. 25 Pièces.

RAIMONDI (MARC-ANTOINE).

59 Quatre Pièces de la Vie de J.-C., d'après Durer.

60 Le *Quos Ego*, Portraits, Monumens, Bas-Reliefs, etc. Plusieurs Copies. 30 Pièces.
    Cet article sera divisé.

61 Plusieurs Pièces par des Graveurs de l'Ecole de
   Marc-Antoine. 5o Pièces.
   AUGUSTIN VENITIEN.

62 Bas-Reliefs, Portraits, Vases, Ornemens, etc. 10 P.
   BONASONE (Jules).

63 Amours des Dieux, suite incomplète, Bas-Reliefs,
   Bustes, Portraits, etc. 13 Pièces.
   VICO (Ænée).

64 Léda, Bas-Reliefs, Vases, etc. 10 Pièces.
   DADO (B.).

65 Histoire de Psyché et de l'Amour, suite complète,
   et le n° 20 double. 33 Pièces.

66 Plusieurs Sujets mythologiques, Bas-Reliefs, etc.
   19 Pièces.
   GHISI (les).

67 Jugement de Pâris, d'après Bertano; Compositions diverses. 10 Pièces.
   ALBERT (Chérubin).

68 La Circoncision, Frises diverses, d'après Polidore
   Caravage. 15 Pièces.
   CARRACHE (Augustin).

69 Eliézer et Rébecca; le Christ au tombeau, d'ap. P.
   Véronèse; l'Assomption de la Vierge, etc. 15 P.
   CARRACHE (Annibal).

70 Suzanne et les Vieillards, Vénus et un Satyre;
   plusieurs Etudes, quelques Morceaux de la galerie Farnèse, par et d'après lui, etc. 19 Pièces.

PIETRE TESTE.

71. Sujets de l'Histoire-Sainte et autres. 22 Pièces.

SALVATOR ROSE.

72. Supplice ordonné par Polycrate, divers Sujets, Etudes à l'eau-forte. 26 Pièces.

BELLA (Etienne della).

73. Suites d'animaux, Chasses, Paysages, Marines, Caprices, etc. 263 Pièces.

TEMPESTA (Antoine).

74. Batailles, Processions, Bas-Reliefs, Chasses, etc. Quelques Pièces doubles. 69 Pièces.

CASTIGLIONE (Benedette).

75. Divers Sujets, Têtes d'hommes, Caprices, Allégories, etc, 34 Pièces.

TIEPOLO (les).

76. Divers Caprices, inventés et gravés par Jean-Baptiste, deux autres par Dominique, etc. 14 P.

VICENTINO (André), *peintre en* 1594.

77. Les noces de Cana, grand tableau peint dans l'église de Tous-les-Saints à Venise. Une Pièce en 2 Morceaux.

PIRANESI (Jean-Baptiste).

78. Vues de divers Monumens antiques et modernes. 42 Pièces.

79. Différentes Vues des restes de monumens de la ville de Possidinia. 21 Pièces. Volume cartonné.

PIRANESI (François).

80 Statues antiques. 4 Pièces.

CECCHI (Baptiste et Guet).

81 Tableaux par d'anciens Maîtres des Ecoles italiennes, tirés de l'*Etruria pittricce* et de la Galerie de Florence. 20 Pièces.

MULINARI (Etienne).

82 *Fac-Simile* de Dessins de la Galerie de Florence. 47 Pièces.

BARTOLOZZI (François).

83 Sainte Famille, d'apr. Bened. Luti ; Hercule et Déjanire, d'apr. Pécheux : vignettes, etc. 40 P.

MARIESCHI.

84 Diverses Vues de Venise. 9 Pièces.

VINCENTINI (Christophe).

85 Quatre Compositions peintes par Boscarati dans le palais Riveriana. 6 Pièces.

CUNEGO (Dominique).

86 Tableaux tirés de la *Schola Italica* et autres. 6 P.

PITTERI (Marc).

87 Le bon Pasteur, un Fumeur, d'apr. Teniers, etc. 4 Pièces.

VOLPATO (Jean).

88 Le Parnasse, d'après Raphaël ; Modestie et Vanité, d'après Léonard de Vinci, etc. 4 Pièces.

OTTAVIANI (Jean).

89 Sujets peints par Raphaël à la villa Madame. 5 P.

PORPORATI (Charles-Antoine).

90 Le Coucher, d'après Vanloo, etc. 3 Pièces.

EREDI (Bened).

91 Tableaux gravés, d'après André del Sarte. 10 P.

MORGHEN (Raphael).

91 *bis* Le Char de l'Aurore, d'après Guido Rheni.

PIROLI (Thomas).

92 Douze Vertus personnifiées, peintes par Raphaël
dans une des salles du Vatican. 13 Pièces.

FREICINET.

93 Vues de divers palais de Rome. 5 Pièces.

94 Compositions diverses, par des Peintres et des
Graveurs italiens. 395 Pièces.
Cet article sera divisé.

95 Eaux-Fortes italiennes, par Carle Maratte, Parmesan, Guaspre, Biscaïno, Londonio, Gales-
truzzi, Ribera, Guido Reni et ses élèves, etc.
163 Pièces.
Cet article sera divisé.

ÉCOLES ALLEMANDE, FLAMANDE ET HOLLANDAISE.

LUCAS DE LEYDE.

96 Cinq Pièces *originales* et diverses Copies. 28 P.

DURER (Albert).

97 Diverses Compositions gravées sur bois, n°s 2, 3,
53, 101, 102, 114, 117, 118, 121, 123, 126
127 et 128; en tout 13 Pièces.

98 La grande Passion et l'Apocalypse, *suites incom-*
plètes, n°s 5 à 7 , 9 à 15. 62, 64, 66, 67, 72, 74
et 75 ; en tout 17 Pièces.

99 La petite Passion, *sans le titre*, n.ºs 17 à 52.
36 Pièces.

100 La Vie de la Vierge , gravure sur bois, suite
complète, n°s 76 à 95 , 1re édition. 20 Pièces.

101 Plusieurs Copies de Pièces sur cuivre et sur bois.
22 Pièces.

102 L'Enfant prodigue, n° 28 ; saint Jérôme, 60 ; la
Dame et le Seigneur , 94 ; le petit Cheval , 96 ;
le grand Cheval, 97 ; l'Armoirie au coq, 100, etc.
10 Pièces.

ALTDORFER (ALBERT).

103 Sujets de l'Ancien et du Nouveau Testament, un
Vase , etc. 24 Pièces.

ALDEGRAVER (HENRI).

104 Sujets sacrés et profanes, Allégories , Costumes, etc. ; plusieurs doubles. 123 Pièces.

BEHAM (HANS).

105 Sujets sacrés et profanes, Allégories, Costumes ,
Planètes , etc. ; quelques pièces doubles. 55 P.

PENTZ (GEORGES).

106 Sujets sacrés et profanes, Allégories, etc. ; quelques copies. 78 Pièces.

BINCK (JACQUES).

107 Les Images des Dieux , de 1 à 22 ; les n°s 20 et 21
manquent. 21 Pièces.

HOPFER (Les).

108 Compositions sacrées, Batailles, Costumes, Ornemens, etc. 11 Pièces.

METZ (C.).

109 Sujets sacrés, Portraits, Ornemens, etc. 25 P.

SOLIS (Virgile).

110 Chasses, Allégories, Ornemens, etc. 47 Pièces.

SUAVIUS (Lambert).

111 Moïse frappant le Rocher, le Calvaire, J.-C. mis
dans le Tombeau, saint Pierre et saint Jean
guérissant un boiteux. 4 Pièces.

112 Suite des Apôtres. 12 Pièces.

113 Plusieurs doubles. 8 Pièces.

BOS (Corneille).

114 Moïse brisant les tables de la loi, la Samaritaine,
Ornemens, etc. 9 Pièces.

GOLTZIUS (Henri).

115 L'Annonciation, la Visitation, la Nativité, la
Circoncision et la Sainte Famille, la suite des
Apôtres, etc. ; quelques Copies. 56 Pièces.

GHEYN (Jacques de).

116 Suite des douze Enfans de Jacob, quelques Figures de travestissement, etc. 29 Pièces.

VISCHER (Corneille).

117 La Fricasseuse, le Marchand de mort aux rats,
les Patineurs et les Joueurs de violon, d'après
Ostade; Portraits de Vondel et d'Alexandre VII, etc. 18 Pièces.

VISCHER (Jean).

118 Paysages et Scènes familières , d'après Berghem ,
Ostade et autres. 33 Pièces.

VORSTERMAN (Lucas).

119 Une Scène du Jugement dernier, d'ap. Rubens;
Dispute de paysans, d'après Breughel; Por-
traits de Howard et de Lievens, d'après Van
Dyck, etc. 18 Pièces.

PONTIUS (Paul).

120 Fuite en Egypte, d'après Jordaens; Sainte Fa-
mille; Portraits de Van Dyck et de Rubens;
Plusieurs Portraits d'Artistes flamands, d'après
Van Dyck, 33 Pièces.

SOUTMAN (Pierre).

121 Le Christ mort, la Pêche, Chasse au sanglier,
d'après Rubens. 4 Pièces.

SUIDERHOEF (Jonas).

122 Bacchantes et Satyres jouant avec des tigres;
diverses Scènes familières; plusieurs Portraits.
10 Pièces.

DALEN (Corneille van).

123 Les Docteurs de l'Eglise, d'après Rubens; Portraits de Giorgion et du médecin Silvius; une
Négresse, d'après Flinck. 4 P.

GALLE (Philippe).

124 La Cène; suite des Demi-Dieux et des Nymphes
de l'Océan, etc. 39 Pièces.

GALLE (Corneille).

125 L'Enfant Jésus et le petit saint Jean, les Pères de
l'Eglise , Prognée présentant à Teré la tête de
son fils , d'après Rubens ; plusieurs Portraits ,
d'ap. Van Dyck ; d'autres, d'ap. Van Hulle, etc.
25 Pièces.

126 Différens Sujets , gravés par J. Mathan , Crisp.
de Pass , Saenredam , Pierre de Jode et Pierre
de Baillu. 104 Pièces.
Cet article sera divisé.

127 Sujets historiques et autres , gravés par Schelte
de Polswest , C. Cort, Nic. de Brayn , Bloote-
ling et Vermeulen. 48 Pièces.
Cet article sera divisé.

SADELER (Raphael et Gilles).

128 Sujets saints et profanes , Portraits, etc. 35 P.

SADELER (Jean).

129 Divers Sujets , Paysages , Portraits , etc. 68 P.

GUNST (Pierre).

130 Voyage du roi Guillaume III en Hollande. 14 P.

FREY (Jacques).

131 La Chasteté de Joseph, d'ap. Cignani ; saint Philippe de Néri , d'après Conca , etc. 7 Pièces.

WILLE (Jean-Georges).

132 Les Offres réciproques, les Musiciens ambulans ,
divers Sujets et Portraits. 79 Pièces.
Cet article sera divisé.

SCHMUZER (Jacques).

133 Saint Ambroise et Théodose-le-Grand , d'apr. Rubens ; Mucius Scevola : *avant la lettre.* 2 P.

MECHEL (Chrétien de).

134 L'Amour menaçant, d'après Vanloo; diverses
Vues, etc. 16 Pièces.

MULLER (Frédéric).

135 Adam et Ève, d'après Raphaël; Loth et ses Filles,
d'après G. Hondhorst; saint Jean l'Évangéliste,
d'après Dominique Zampierri.

GUTTENBERG (Charles et Henri).

136 L'Invocation à l'Amour, d'après Théolon; Vues
diverses, Vignettes, etc. 20 Pièces.

DYCK (Antoine Van).

137 Portraits gravés à l'eau-forte, par lui-même. 16 P.

138 Portraits gravés par divers, d'après lui. 69 P.

HOLLAR (Winceslas).

139 La Madeleine au désert, d'après Van Avont; divers Sujets, Paysages, Portraits, Costumes, etc.
120 Pièces.

GOUDT (Le comte de).

140 Son OEuvre complet. 7 Pièces.

OSTADE (Adrien van).

141 Études gravées à l'eau-forte par ce Maître, nᵒˢ 3
à 7, 9 à 25, 27 à 31, 36, 37, 40 à 43, 45, 46,
48 à 50; en tout 41 Pièces.

BERGHEM (Nicolas).

142 Études diverses, gravées à l'eau-forte, par lui.
34 Pièces.

JARDIN (Carle du).

143 Son OEuvre avec les numéros. 52 Pièces.

144 Deux Chiens couchés , n° 5; un Paysage, n° 20 ;
deux Brebis, n° 40; une Brebis et son Agneau,
n° 42 : *avant les numéros.* 4 Pièces.

145 Plusieurs doubles. 9 Pièces.

WATERLOO (Antoine).

146 Différentes suites de Paysages : n°ˢ 3, 5 à 7, 9 à
14, 21, 30, 32 à 37, 39, 40, 92, et une pièce
douteuse. 22 Pièces.

147 Les n°ˢ 47 à 49, 51 à 54, 57 à 63, 66 à 70. 19 P.

148 N°ˢ 89, 92 à 94, 107, 111 à 115, 117, 118. 12 P.

149 Le Moulin, n° 119, *belle épr. d'une Pièce rare.*

150 Les n°ˢ 119, 121 à 125, 128, 129. 8 Pièces.

151 Les n°ˢ 35 à 37, 39, 48, 61, 67, 68, 89, 124. 10 P.

ÉVERDINGEN (Albert Van).

152 Son OEuvre , plus les 2 Pièces de Boom. 1 vol.
in-4° cartonné. 95 Pièces. Manquent les n°ˢ 3,
42, 63, 65, 81, 83, 91, 93, 100, 103, 104, 105.

153 N°ˢ 1, 2, 5, 6, 13 à 16, 29 à 31, 44, 45, 47, 50,
51, 53 à 55, 57 à 60, 65 à 68, 70 à 73, 76, 79,
84, 92, 93, 99 à 102. 40 Pièces.

UYTENBROECK (Moïse).

154 Compositions diverses ; n°ˢ 2, 4, 5, 14, 16, 19,
21, 22, 23, 27, 38, 48, 53 à 58. — Salmacis
et Hermaphrodite *non décrite* par Bartsch,
n° 59 de Rigal ; Paysage *non décrit* par Bartsch,
n° 61 de Rigal. 20 Pièces.

SWANENELT (Herman).

155 Différens Paysages ; n°ˢ 27, 62, 68, 77, 81, 89 à
91, 94 à 97, 99, 101, 103 à 114. Plusieurs
Copies. 44 Pièces.

BOTH (Jean).

156 Les cinq Sens, n°ˢ 11 à 15. La Femme montée
sur le Mulet, 1 ; le Charriot attelé de Bœufs, 2 ;
le grand Arbre, 3, double ; les deux Mulets, 4 ;
le Pont de pierre, 5 ; le Muletier, 6 ; le Trajet, 7 ;
les deux Vaches au bord de l'eau, 8 ; les Pêcheurs, 9. 15 Pièces.

PIERRE DE LAER.

157 Différens Animaux, les n°ˢ 1 et 4 de la suite ;
différens Chevaux, de 9 à 14, suite de six P. ;
la Femme assise, 19 ; le Cavalier, 20. 10 P.

AKEN (Jean Van).

158 L'Homme portant le paquet sur le dos, 19 ; la
Pêche aux Écrevisses, 20. 2 Pièces.

FYT (Jean).

159 Suite incomplète des Chiens, de 9 à 16. 4 P.

BYE (Marc de).

160 Études d'Animaux gravées à l'eau-forte. 72 P.
Cet article sera divisé.

STOOP (Thierry).

161 Études de Chevaux, n°ˢ 1 à 12, et deux Pièces
doubles. 14 Pièces.

ZEEMAN (Reynier).

162 Marines, Vues, etc., grav. à l'eau-forte. 31 P.

WYCK (Thomas).

163 Divers Sujets, n°ˢ 1 à 4. 4 Pièces.

SART (Corneille Du).

164 Fête de Village, n° 16, et autres Pièces grav. à l'eau-
forte ; plusieurs Gravures en mezzotinte. 8 P.

BEGA (Corneille).

165 Diverses Études, n°s 10 à 13, 16 à 20, 23, 25,
      26 à 31, et 34. En tout, 18 Pièces.

ERTINGER (François).

166 Bacchanales, etc. 4 Pièces.

HUGTENBURG (Jean Van).

167 Études de Chevaux, d'après Vander Meulen. 12 P.

HOOGUE (Romain de).

168 Frontispices, Vignettes pour les Contes de La
      Fontaine, etc. 59 Pièces.

LUYKEN (Jean).

169 Histoire de la Bible : petit in-fol., dos de basane.
      72 Pièces.

KYSSEL (Melchior).

170 Vues, Marines, Paysages, etc. 43 P.

BISCHOP (Jean).

171 Plusieurs Statues antiques, Études, etc., gravées
      par lui d'après différens Maîtres. 140 Pièces.

MOYARD et SAVERY.

172 Plusieurs Estampes relatives à l'entrée de Marie
      de Médicis à Amsterdam. 11 Pièces.

LAIRESSE (Gérard).

173 Différens Sujets historiques , Études, Vignet-
      tes , etc. 106 Pièces.

SCHUT (Corneille).

174 Sujets divers , Études, grav. à l'eau-forte. 27 P.

REMBRANDT (Van Rhyn).

175 Son Portrait avec un bonnet rond, 16; avec

l'Écharpe autour du cou, 17, iiie État; avec
sa Femme, 19; dessinant, 22, ive État; en
ovale, 23, iiie État; à cheveux courts et frisés;
26. 6 Pièces.

176 Abraham et les Trois Anges, 29 : *belle Epreuve;*
Abraham caressant Isaac, 33 : *belle Epr.* Abraham avec Isaac, 34 : *belle Epr.*; l'Echelle de
Jacob, 36, iiie Etat; Joseph racontant ses
songes, 37, iie Etat. 5 Pièces.

177 Joseph et la Femme de Putiphar, 39 : *belle et
rare.*

178 Triomphe de Mardochée, 40; David priant Dieu,
41; Tobie le père, aveugle, 42 : *belle Epr.*;
l'Ange disparaissant devant la famille de Tobie, 43 : *belle Epr.* 4 Pièces.

179 L'Annonciation aux Bergers, 44 : *faible;* la Nativité, 45; l'Adoration des Bergers, 46 iiie Et.;
la Circoncision, 47, a: *Etat inconnu à Bartsch;*
autre Circoncision, 48; Présentation au Temple, 49, iiie Et.; Présentation au Temple, 50;
Présentation au Temple, 51, iie Et.; Fuite en
Egypte, 52, iie Et.; Fuite en Egypte, 53, iie Et.;
Fuite en Egypte, 55; Repos en Egypte, 57,
iie Et. 12 Pièces.

180 La Vierge et l'Enfant Jésus sur des nuages, 61;
Sainte Famille, 62, iie Et.; Jésus au milieu
des Docteurs, 64, 65 et 66, iie Et.; la Petite
Tombe, 67, iiie Et.; le Denier de César, 68;
Jésus chassant les Vendeurs hors du Temple,
69; la Samaritaine, 70, iiie Et.; et Résurrection de Lazare, 72. 12 Pièces.

181 Résurrection de Lazare, 73 , ive Etat.

182 La Pièce de cent Florins , 74 , iie Etat.

182 *bis* Jésus-Christ dans le Jardin des Olives , 75 ;
J.-C. en Croix entre les deux Larrons , 79 : *belle
Epr.;* J.-C. en Croix , 80 ; Descente de Croix ,
83 ; J.-C. au tombeau, 84 : *faible*; et 86, iie Et.;
les Disciples d'Emaüs, 87, iie Et. ; le Bon Samaritain, 90, iiie Et. ; Retour de l'Enfant prodigue , 91 : *belle Epr.* 9 Pièces.

183 Décollation de saint Jean-Baptiste, 92 ; saint
Pierre et saint Jean à la porte du Temple, 94,
iiie Et. ; Martyre de saint Etienne, 97 : *belle*;
Baptême de l'Eunuque, 98 ; Mort de la Vierge,
99, iie Et. ; saint Jérôme, 100, 101, 102,
105, iie Et. 9 Pièces.

184 La Jeunesse surprise par la Mort, 109; la For-
tune contraire, 111, iiie Et. *non décrit*; l'Etoile
des Rois, 113; Chasse aux lions, 115 : *belle
Epr.*; Chasse aux lions, 116 : *belle;* Sujet de
bataille, 117; trois Figures orientales, 118,
1er Etat : *belle;* les Musiciens ambulans, 119.
8 Pièces.

185 Le Petit Orfévre, 123 : *belle;* la Faiseuse de
Kouk's, 124; le Jeu du Kolf, 125; Synagogue
des Juifs, 126; le Maître d'école, 128; Tête de
jeune homme vu de trois quarts tourné vers la
gauche : *Pièce non décrite* par Bartsch, et
qui est certainement de Rembrandt : n° 362 de
Gersaint; le Dessinateur, 130; le Paysan avec
femme et enfant, 131; Juif à grand bonnet,
133 : le Joueur de cartes, 136; Aveugle jouant

du violon, 138 : *défectueuse;* Homme à cheval, 139; Figure polonaise, 140; Paysans et
Paysannes, 144; Homme méditant, 148, iii^e
et ive Et.: Vieillard à courte barbe, 151; le
Persan, 152. 18 Pièces.

186 Gueux et Gueuses, 164; Mendians, 165, iiie Et.;
Femme à la calebasse, 168 : *défectueuse;*
Vieille Mendiante, 170; Gueux assis, 174;
Mendians à la porte d'une maison, 176; Gueux
estropié, 179. 7 Pièces.

187 L'Espiègle, 188, iiie Et.; l'Homme qui pisse,
190; le Dessinateur d'apr. le modèle, 192, 3 P.

188 Homme nu assis, 193; Figures académiques
d'hommes, 194; les Baigneurs, 195; Acadé-
mie d'homme assis, 196. 4 Pièces.

189 Femme nue assise, 198; Femme nue les pieds
dans l'eau, 200; Vénus au bain, 201; Négresse couchée, 205. 4 Pièces.

190 Paysage aux trois arbres, 212.

191 Le Pont de Six, 208; le Paysage au Dessinateur,
219; le Berger et sa Famille, 220. 3 Pièces.

192 L'Abreuvoir, 231, iie Et.; la Chaumière entourée
de planches, 232, iie Et.; le Moulin de Rembrandt, 233; l'Abreuvoir de la Vache, 237.
4 Pièces.

193 Vieillard portant la main à son bonnet, 259;
Homme avec chaîne et croix, 261, iie Et.;
Vieillard à grande barbe, 262; Vieillard à
barbe carrée, 265; Jean Silvius, 266; jeune
Homme assis, 268; Menassé Ben-Israel, 269,
Faustus, 270. 8 Pièces.

194 Renier Ansloo, 271 , avec la marge grattée : *Etat non décrit*; Clément de Jonge, 272 , ive et v^e Etat. 3 Pièces.

195 Abraham France, 273, iiie Et.; le jeune Haring, 275, ive Et.; Jean Lutma, 276, iie Et.; Jean Asselin, 277, iiie Et.; Wtenbogardus, 279, iie Etat. 5 Pièces.

196 Wtenbogardus, 281 , iie Et., *papier de Chine.*

197 Le Grand Coppenol, 283, iiie Et.; Vieillard à grande barbe et à tête chauve, 291; Tête d'homme chauve, 294; Vieillard à grande barbe et calotte, 295; Vieillard à tête chauve, 296; Vieillard sans barbe, 299; Tête d'homme de face, 304, iiie Et; Vieillard à grande barbe blanche, 309 : *belle Epr.;* Homme à moustaches, 321 : *belle;* Vieillard à tête chauve, 324, iie Etat. 10 Pièces.

198 Etude pour la grande Mariée juive, 341 , *rare;* vieille Femme assise, 343 et 344; la Mère de Rembrandt, 349; Tête de femme, 358; Femme avec grande cornette, 359. 6 Pièces.

199 Griffonnemens, où se voit la tête de Rembrandt, 363, iie Et.; Études de six têtes, 365. *Fragment* de 366, cité par Bartsch sous le n° 143; trois Têtes de Femmes, 368. 4 Pièces.

200 Sujets divers, Bustes, Portraits, Têtes d'études, par divers anonymes, dans le goût de Rembrandt. 23 Pièces.

201 Plusieurs doubles. 4 Pièces.

202 Copies par Novelli. 38 Pièces.

203 Copies par de Claussin. 11 Pièces.

204 Copies par divers. 64 Pièces.

205 Plusieurs Pensées gravées d'après les Dessins et
les Esquisses de Rembrandt, par M. Pool, à
Amsterdam. 13 Pièces.

206 Tableaux, Portraits, Études, gravés par divers,
d'après Rembrandt, 192 Pièces.
Cet article sera divisé.

BOL (Ferdinand).

207 Gédéon, 2, iiie Etat; saint Jérôme, 3; Vieillard
en buste, n° 6, *copie;* la Femme à la Poire,
14, orig. et copie par Wattelet; Portrait de
femme dans un ovale, 15. 6 Pièces.

VLIET (Georges van).

208 Loth et ses Filles, 1; *Ecce Homo*, 7; saint Jérôme, 13; Buste de Vieillard, 23; les cinq
Sens, 27 à 31; l'Arracheur de Dents, 53; Suite
de différens Gueux ou Mendians, 73 à 82 :
manquent les n°s 78 et 82; les Arts et Métiers,
copies. 40 Pièces.

LIEVEN (Jean).

209 La Nativité, 2; saint Jérôme, 5, iiie Ét.; saint
François, 6, 1er État, et saint François, 7;
Mercure et Battus, 10; Les Joueurs, 11. 6 P.

209 *bis* Différens Bustes, 17, 20 à 23, 25, 26, 32, 34,
35, 40, 47, 49, 50, 52, 55. En tout 16 Pièces.

210 Portraits d'Éphraïm Bonus, 56, 1 et 11; Daniel
Heinsius, 58; Jacques Gouter, 59. 4 Pièces.

GOLE (J.).

211 Collection de Plantes gravées à l'eau-forte, in-fol.,
veau. 243 Pièces.

L'ADMIRAL (J.).

212 Collection d'Insectes et Plantes. 22 Pièces.

SCHMIDT (George-Frédéric), *de Berlin.*

213 Paysans près d'une table, d'après Ostade; Loth et ses Filles, d'après Rembrandt; Portraits de Mignard, d'après Rigaud; de La Tour, d'après lui-même, etc. 64 Pièces.

Cet article sera divisé.

CHODOWIESKY (Daniel).

214 Cet OEuvre a été formé avec le plus grand soin. Une grande partie des Pièces y sont répétées trois et même quatre fois avec des remarques curieuses et quelques-unes très rares. Elles ont été données par le Graveur lui-même à son beau-frère M. Lainé, père de celui qui vient de mourir. Il est composé de 1,900 Pièces et contenu dans 2 vol. grand-aigle.

DIETRICH (Chr.-Guill.-Ernest).

215 Nativité, Fuite en Égypte, etc. 4 Pièces.

RIDINGER (Jean-Élie).

216 Chasse aux Lions, d'après Rubens; Sujets de Chasse et Animaux. 31 Pièces.

WEIROTTER (François-Edmond).

217 Paysages d'après nature, Fabriques et Vues diverses. 30 Pièces.

HACKERT (Jacques et Georges).

217 *bis* Plusieurs Paysages, 19 Pièces.

DUNKER (Balthazar-Antoine).

218 Vues de Sicile, d'après Hackert; Portraits et

Sujets divers, d'après Ostade, Metzu, Rembrandt, etc. 14 Pièces.

WAGNER (Joseph).

219 Compositions historiques, Paysages, d'après différens Maîtres. 13 Pièces.

KAUFFMANN (Angélique).

220 Sujets allégoriques, Études. 6 Pièces.

QUAGLIO.

221 Vues, Paysages. 33 Pièces.

KOBELL (Ferdinand).

222 Études de Figures et Paysages. 33 Pièces.

KOLBE (Ch.-Guillaume).

223 Études de Plantes gravées à l'eau-forte. 2 Pièces.

NOTHNAGEL (Jean-André-Benjamin).

224 Petits Sujets et Têtes d'après sa composition. 6 P.

PLONSKI (M.).

225 Études diverses, Eaux-Fortes. 19 Pièces.

BARTSCH (Adam).

226 Études diverses d'après les Dessins de Guerchin. 24 Pièces.

227 Portrait de Rembrandt, Suite d'Animaux, etc., sur papier blanc et de couleur. 16 Pièces.

HESS (Charles).

228 Jésus parmi les Docteurs, d'après Hondhorst; le Christ au milieu des Enfans, d'après Rembrandt, etc. 3 Pièces.

FREY (Jacques de)

229 Dans cet OEuvre, presque complet, plusieurs

Planches sont avec des différences, d'autres avant la lettre, quelques-unes sur papier de Chine. Les Pièces dont le nom du Peintre n'est pas cité sont d'après Rembrandt.

Le Samaritain; la Circoncision, 2 épr.; la Famille de Tobie, 2 épr.; Assemblée des Syndics de la Halle aux Draps; Démonstration anatomique et la Copie au trait, avec les numéros de renvoi; Sainte Famille, dite *le Ménage du Ménuisier;* les Disciples d'Emmaüs; le même Sujet en sens inverse et de plus petite dimension; Jacob bénissant les Enfans de Joseph, avec une Dédicace manuscrite à M. Denon; le Père et la Mère de Gérard Dow, d'après ce Peintre, 2 épr.; Architecte de la Marine et sa Femme; Isaac donnant sa bénédiction à Jacob, d'après Flinck et Rembrandt, 2 épr.; saint Pierre guérissant sa belle-mère, d'après Metzu; le Philosophe, d'après Breckelenkamp; Portrait de l'Auteur, 2 épr.; Portraits de Gérard Dow, Brederode, Tromp, Van Dalen, Pie VII, Coppenol, etc., plusieurs sur papier de Chine; Tête de Saint de profil d'une pointe légère; Vieille Femme pelant une pomme; Suite de six Études titre compris, 6 Pièces; Paysages et trois Monumens, dont deux sont doubles sur papier de Chine, 6 Pièces. 62 Pièces.

HUBERT.

230 Études d'Animaux, Eaux-Fortes. 23 Pièces.

SCHENKER.

231 Un cahier d'Études de Chevaux, d'après Agasse; portrait de Wieland, etc. 9 Pièces.

WEISBROD (Charles).

232 Paysage d'après Berghem; le Maître d'École, d'après Du Sart; la Présentation, d'après Rembrandt, etc. 9 Pièces.

ENGELBRECHT.

233 Suite de 55 Pièces pour les Métamorphoses.

SPERLING (Jérôme).

234 Suite complète de Sujets allégoriques, etc. 21 P.

METZ (Martin).

235 Jugement dernier, d'après Michel-Ange. 17 P.

GUCHT (G. Vander).

236 Suite de Vignettes d'après Gravelot, pour les OEuvres de Shakespeare. 52 Pièces.

SAITER.

237 Divers Tableaux peints par le Titien, à Venise. 8 Pièces.

WINC (Carl).

238 *Fac-Simile* de Dessins d'après Parmesan, Barbieri Primatice, etc. 12 Pièces.

NILSON (Jean).

239 Sujets et Portraits divers. 22 Pièces.

TOMBLESON.

240 Vue des Environs de Genève, d'après Topffer : une épr. sur papier de Chine. 2 Pièces.

HARTMANN.

241 Diverses Vues. 4 Pièces.

RADEMAKER.

242 Recueil de diverses Vues et Monumens. 163 P.

---

243 Gravures sur bois avec la marque de Lucas Cranach, van Sichem, Grun, Worms, etc. 549 P.
Cet article sera divisé.

244 Divers Sujets par des Maîtres flamands. 275 P.
Cet article sera divisé.

EAUX-FORTES.

245 Compositions diverses par Linck, Rode, Pond,
Kooper, Klein, Konig, etc. 55 Pièces.

246 Autres par Raphaël Wintter. 12 Pièces.

247 Paysages par Gesner. 55 Pièces.

248 Autres par Muret, Pariset, Brandt, Heimlich,
Swens, Landerer, etc. 36 Pièces.

249 Diverses Eaux-Fortes par Vande Velde, Verbecq,
Chalon, Van Steen, Rogman, Flamen, Ro-
dermont, Genoels, Ruysdael, du Sart, Miele,
Vander Cabel, etc. 126 Pièces.
Cet article sera divisé.

ÉCOLE FRANÇAISE.

GAULTIER (Léonard).

250 Suite du Nouveau Testament, Sujets embléma-
tiques. 35 Pièces.

LOSNE (Étienne de).

251 Sujets divers, Bas-Reliefs, Ornemens, etc. 65 P.

WOERIOT (Pierre).

252 Phalaris enfermé dans le Taureau brûlant; une
Femme se précipitant dans les flammes avec
deux enfans dans ses bras. 2 Pièces.

PÉRISSIN (Jean).

253 Scènes de l'Histoire des Huguenots. 5 Pièces.

BÉATRICET (Nicolas).

254 Diverses Compositions, Figures de Moïse et de

Jérémie, d'après Michel-Ange; Portrait de
Henri II, etc. 9 Pièces.

255 Bas-Reliefs et Monumens d'architecture. 7 P.

CAVALLERYS (Jean-Baptiste).

256 Moïse présentant les Tables de la loi, d'après Raphaël; saint Paul, d'après Michel-Ange. 2 P.

CALLOT (Jacques).

257 Son OEuvre; on distingue Claude Dervet, la
grande Chasse, la Carrière de Nancy, la Tour
de Nesle, le Parterre de Nancy, le Massacre
des Innocens, les Joueurs, saint Mansuette,
saint Sébastien, la Sainte Famille, la Parabole
du Froment, Passage de la mer Rouge, le Jeu
de Boules, les Bohémiens, les Gueux, Suite de
divers Paysages, Combat à la Barrière, les
grandes et les petites Misères de la Guerre, les
Caprices, la petite Passion, la Vie de la Vierge,
le Nouveau Testament, Vie de l'Enfant prodigue, Martyres des Apôtres, les Gobbi, Ballet
des Fessania, les Fantaisies, la Lumière du
Cloître, la Foire d'Imprunetta, *fatiguée.* 427
Pièces.

258 Les Joueurs de Boule, la Tour de Nesle, les
Caprices, les Gueux, le Nouveau Testament,
la Vie de la Vierge, les Martyres des Apôtres,
les Figures des Apôtres, la Vie de l'Enfant pro-
prodigue, les Pénitens et Pénitentes. 253 P.

BOSSE (Abraham).

259 Intérieurs d'appartemens, Siéges et Batailles, etc.
14 Pièces.

BREBIETTE (Pierre).

260 Sujets de l'Histoire Sainte, Allégories, Frises, etc. 32 Pièces.

LASNE (Michel).

261 Portraits de Louis XIV, d'Antoine Lemoine, etc. 8 Pièces.

MELLAN (Claude).

262 Histoire sacrée, Saints, Saintes, Portraits, Sujets divers. 73 Pièces.

ROUSSELET (Gilles).

263 Enlèvement de Déjanire, d'après le Guide; Christ descendu de la Croix, d'après Le Brun. 10 P.

DORIGNY (Nicolas).

264 Sujets historiques, d'après L'Albane, Vouet et autres. 13 Pièces.

MORIN (Jean).

265 Sainte Famille, saint Bernard, divers Portraits. 11 Pièces.

PESNE (Jean).

266 Testament d'Eudamidas, Ravissement de saint Paul, etc., d'après Poussin. 4 Pièces.

NANTEUIL (Robert).

267 Portraits de la Reine de Pologne, Colbert, Duc de Beaufort, Brienne, Scuderi, Fouquet, etc. 16 Pièces.

268 Portraits du Prince de Condé, Mazarin, Séguier, Perrefixe, etc. 12 Pièces.

EDELINCK (Nicolas).

269 Portraits de Madeleine Lamoignon, Mme Helyot, Charles d'Hozier, etc. 21 Pièces.

270 La Madeleine, d'après Lebrun, saint Louis, saint Charles, Vignettes, etc. 12 Pièces.

MASSON (Antoine).

271 Portraits de Brisacier: 2ᵉ Epr. *dont une avant la Lettre;* la Tour d'Auvergne, Turgot, etc. 7 P.

AUDRAN (Gérard).

272 Batailles d'Alexandre, d'ap. Lebrun, *avec le nom de Goyton.* 4 Sujets en 14 Morceaux.

273 Enée sauvant son père, d'après Dominiquin; la Femme adultère, d'ap. Poussin, etc. 12 P.

AUDRAN (Les).

274 Sujets de l'Histoire sainte, Batailles, etc., d'ap. Dominiquin, Le Brun, Watteau, etc. 35 P.

PICART (Bernard).

275 Vues, Paysages, Etudes, Allégories, Vignettes. 133 Pièces.

276 Divers Sujets, d'après Corrége, Poussin, Coypel, etc. 11 Pièces.

SILVESTRE (Israel).

277 Vues diverses, Paysages. 62 Pièces.

LECLERC (Sébastien).

278 Multiplication des pains, Batailles d'Alexandre, Histoire de la Bible, Paysages, Ornemens, Vignettes, etc. 236 Pièces.

LORAIN (Claude).

279 Mercure et Argus, *avant la retouche;* le Bou-

vier, IIIe Et.; Scène de Brigands, IVe Et.; Paysages, d'après lui. 6 Pièces.

BOURDON (Sébastien).

280 Divers Sujets, Paysages, etc. Eaux-Fortes, d'après ses Tableaux. 10 Pièces.

CHAUVEAU (François).

281 Vie de saint Bruno, d'après Le Sueur. 23 Pièces.

282 Ornemens, Panneaux, Vignettes, etc. 372 P.

DOLIVAR (Jean).

283 Ornemens, Panneaux, etc., gravés d'après Dolivar par Suzanne Sandrart. 50 Pièces.

PERELLE (Gabriel).

284 Paysages, Vues diverses. 231 Pièces.

EAUX-FORTES

285 Ducerceau et autres. 115 Pièces.

286 De La Hyre : Sainte Famille, saint Jean-Baptiste, saint Sébastien, etc. 11 Pièces.

287 Lefèvre : l'Enlèvement d'Europe, d'après Le Titien; l'Annonciation, d'après le même; saint Jérôme, d'après Paul Véronèse, etc. 12 Pièces.

288 Vignon, 2; Mauperché, 1; Dominique Barrière, 1; Montaigne, 1; Dassonville, 4; Pierre Biard, 1; en tout 62 Pièces.

289 Vien, 2; Loutherbourg, 7; Huet, 6; Tanche, 7; Le Hay, 1; J. Vernet, 1; Desfriches, 1; Fontaine, 1; Du Perreux, 1, et autres; en tout 127 Pièces.

290 Ozanne, Bellicard, Pouget, Denon, Chedel, Chaufourier, etc. 66 Pièces.

291 Schenau, 12 ; Allou, 4 ; Gab. Saint-Aubin, 3 ;
Dazaincourt, 2 ; Parocel, 1 ; Le Prince, 13 ;
de Lalive, 4 ; de Lagrenée, 2 ; La Vieuville, 2 ;
Manglard, 2 ; Watelet, 11 ; Pierre, 1 ; Coypel, 1 , et autres ; en tout 79 Pièces.

292 Barbault : Divers Fragmens de Sculpture, d'après
Piranèse. 5 Pièces.

293 Baudoin : Différentes Vues. 6 Pièces.

294 De la Rive : Essais , Études d'animaux. 8 Pièces.

295 Grobon : Vues diverses. 4 Pièces.

MARCENAY (Guy de).

296 Cet OEuvre, formé avec soin, est composé de très
belles épreuves bien conservées , avec des différences. Les N.ᵒˢ placés avant chaque sujets
sont ceux du Catalogue Rigal. Il manque seule-
ment les N.ᵒˢ 50, 51 et 52.

1 Portrait de Marcenay, *avant la lettre* ; 2 Tintoret, 2 épr.;
3 Stanislas, 3 épr.; 4 Charles I.ᵉʳ ; 5 Le comte de Berghe,
2 épr. *avant la lettre* ; 6 le jeune Seigneur, 4 épr., dont une
sur papier de Chine ; 7 Paysage avec une Bohémienne, 2 épr.;
8 le Ciel se couvre, 3 épr.; 9 Paysage dans un rond ; 10 Tobie recouvrant la vue, 2 épr.; 11 une Dame avec son Cavalier,
4 épr.; 12 Homme à grande barbe, au bas , un Paysage (la
Chûte du jour), 3 épr. dont une la planche coupée ; 13 la
Dame à la plume, au bas un Paysage (les Voyageurs), 3 épr.
dont une la planche coupée ; 14 Rembrandt, 3 épr. 15 le
Vieillard atrabilaire , 3 épr. dont une sur papier de Chine ;
16 Vieillard avec une toque, 2 épr.; 17 Commencement d'un
Orage, 2 épr.; 18 la Fleuriste, 2 épr.; 19 Testament d'Eudamidas , *avant la lettre* ; 20 l'Amour fixé, 2 épr.; 21 Bataille, 2 épr.; 22 Enfant faisant des Châteaux de cartes, *avant
la lettre* ; 23 Paysage pris de la voûte d'un Rocher, 2 épr.;
24 Coucher du Soleil, 3 épr.; 25 Homme avec un Bonnet en
fourrure ; 26 Régulus, 3 épr.; 27 Femme en cheveux ; 28

Charles V, 4 épr.; 29 Charles VII, 3 épr.; 30 Henri IV,
avant la lettre; 31 le Prince Eugène, 2 épr.; 32 Bayard ,
3 épr.; 33 Turenne, 4 épr.; 34 Villars, 2 épr. *avant et avec
la lettre*; 35 le Maréchal de Saxe, 3 épr.; 36 Sully, 4 épr.;
37 l'Hôpital. 2 épr.; 38 de Thou, *avant la lettre*; 39 Jeanne
d'Arc, 2 épr.; 40 Brunswick, 3 épr. *avec la lettre*, *avant la
lettre* et *non terminée*; 41 la Reine de Pologne, 3 épr. *avec la
lettre*, *avant la lettre*, *eau-forte pure*; 42 Paoli, 2 épr.; 43
Mirabeau , 3 épr.; 44 Paulmy, 2 épr. *avant et avec la lettre*;
45 Puységur, 3 épr. *avant la lettre*, plus ou moins avancés;
46 le Goux de Gerlans, 2 épr. *avant la lettre*; 47 Sage,
2 épr. *avant et avec la lettre*; 48 l'Étonnement, 2 épr.; 49
l'Effroi , 2 épr.; 53 et 54 deux Paysages sur la même planche,
la Forêt et la Cabine ; 55 les Pêcheurs, 2 épr.; 56 le Rocher,
2 épr.; 57 Vue d'un Bois, 2 épr.; 58 Bords d'une Rivière,
avec une Maison à gauche, 2 épr.; 59 Bords d'une Rivière,
avec une île à droite, 2 épr.; 60 le Repos; 61 Vieillard
sortant d'un Bois; Portrait de la Femme de Rembrandt, avec
la signature autographe de Marcenay.

SAINT-NON (Richard, Abbé de).

297 Vues , Paysages, Sujets familiers, Pierres gravées, Vases, etc. 72 Pièces.

EISEN (Charles).

298 La Vierge, saint Jérôme, saint Eloy prêchant, etc.:
Eaux-Fortes *rares.* 7 Pièces.

GILLOT (Claude).

299 Sujets mythologiques, Fables d'Esope, Eaux-
Fortes, etc. 68 Pièces.

BOISSIEU (Jean-Jacques de).

Toutes les épreuves de cet OEuvre sont belles et
bien conservées, quelques-unes sur papier de
Chine. Les N.ᵒˢ sont ceux du Catalogue Rigal.

300 Portrait de l'Auteur, 1.ʳᵉ épr.; où il tient le Portrait de sa Femme avec le Paysage, 11ᵉ État. 2 P.

301 Saint Jérôme, 2; les Pères du Désert, 3. 2 P.

302 Pie VII bénissant des enfans, 4; Promenade du
  Souverain Pontife sur la Saône, 5; les Moines
  au Chœur, 6; Portrait de Pie VII, 100. 4 P.

303 Soirée villageoise, 7; deux Ep., une sur *papier
  de Chine*; l'Ecrivain public, 8; les grands
  Tonneliers, 9. 4 Pièces.

304 Les Joueurs de boule, 10; l'Ermitage, 11; intérieur de Ferme, 12; autre intérieur de Ferme,
  13. 4 Pièces.

305 Le Maître d'école, 14; Maréchal ferrant, 15;
  Vieillard faisant l'aumône, 16, *papier de
  Chine;* vieux Mendiant assis, 17; Le Maître
  d'école, 18; deux Ep., une à l'*eau-forte pure,
  rare*. 6 Pièces.

306 La Leçon de botanique, 20, *rare, pap. de Chine*.

307 Fête champêtre, 21; les Charlatans, 22; les petits Tonneliers, 23 : *ces trois Pièces sont avec
  l'astérisque*. Deux Enfans jouant avec des bulles
  de savon, 25, *fatiguée et mouillée;* Peintre
  peignant un Vieillard, 26. 5 Pièces.

308 Vieillard jouant du haut-bois, 27 : deux Epr.,
  une à l'*eau forte pure;* Vieillard jouant de la
  vielle de la main gauche, 28; Vieillard jouant
  de la vielle, 29, *avec l'astérisque*. 4 Pièces.

309 Temple de la Sybille, 30; Passage du *Garilla-
  no,* 31; Temple du Soleil, 32; *Aquapendante*
  sur la route de Sienne, 33, l'angle du haut à
  droite *mal formé;* Temple de Vesta, 34; Sé-
  pulchre de *Cécilia Métella,* 35; Pont de *Luca-
  no,* 36; *avec l'astérisque;* l'Ile Barbe, 37. 8 P.

310 Village de Lantilly, pièce dite les *Petits Maçons*, 38.

311 Pont et Château de Sainte-Colombe, 39; Environs d'Arbresle, 40 : deux épr., une sur *papier
de Chine*; Saint-Andéole, 41; Bords de la rivière d'Ain, 42. 5 Pièces.

312 Le Champ verd, 43; Château de Madrid, 44;
avant l'adresse d'Artaria, suite de 45 à 50;
Vues du fort S.-Clair et d'une partie de la ville
de Lyon, 52. 9 Pièces.

313 Paysanne sortant d'un bois, montée sur un
âne, 56, la marge du haut froissée; la Tour
de *Métellus*, 57; Villageois conduisant une
charrette, 58. 3 Pièces.

314 Villageois se reposant au coin d'un bois, 59; l'*Ora-
toire*, 60 : épr. sur *papier de Chine*; Homme
à cheval et un rustre avec deux vaches passant à
gué une rivière, 61; la Cascade, 62. 4 Pièces.

315 Site champêtre où l'on voit un homme qui des-
sine et un autre qui lit, 63; Paysage traversé
par une rivière, 64; Vieille Chapelle entourée
d'arbres, 65; la Digue, 66. 4 Pièces.

316 Vieux Château délabré où est un cabaret, 67;
Bateliers conduisant un bateau chargé de vieux
arbres; 68, ces deux Pièces *avant l'adresse* de
Frauenholtz; Bateau en réparation, 69; Pâtre
à pied et Femme à cheval, 70; Entrée d'une
forêt, 71. 5 Pièces.

317 Autre Entrée de forêt, 72, les angles du haut et
du bas à droite *mal formés* et *avant l'astérisque*; Campagne pendant l'hiver, 73, Campagne au printemps, 74; Composition dans le

goût de Weynants, 75; Paysage où un pâtre
et des animaux passent un gué, 76. 5 Pièces.

318 Anesse debout, 77; petit Bois, 78; petite Marine, 80; Moulin d'Italie, 81; les petites La-
veuses, 82; petit Paysage traversé par une rivière, 83; Suite de dix Paysages, de 84 à 93;
Suite de 94 à 99. 22 Pièces.

319 Portrait du frère de Boissieu, 101, la Servante
de Boissieu, 102; Vieillard à front chauve, 103;
Vieillard presque de face, un bonnet sur la
tête, 104; Homme, tête nue, tourné vers la
gauche, 105; la Boudeuse, 106; quatre Etudes
demi-figures, 107; Têtes d'hommes et d'animaux, 108, *sur papier de Chine*, excepté les
n°⁵ 104, 105 et 107. 8 Pièces.

320 Etudes de têtes, 109; sept Etudes, dont un
homme pinçant de la guitare, 110, *sur papier
de Chine;* huit Etudes de têtes, 111; Vieillard
un manchon à la main, et douze autres Etudes, 112; Chatte avec son petit, 113; Livre
de grifonnemens, 114 à 119; Grifonnemens.
120 et 121; Vue d'un port, *rare*, 125. 14 P.

321 Homme vu de trois quarts, dirigé vers la droite,
126; Homme les mains croisées, 127. 2 Pièces
sur papier de Chine.

322 Paysage, d'après Fouquières, 128, *Papier de
Chine;* Paysage, d'après Berghem, 131; Pays
montueux, d'après Berghem, 132; la Digue
rompue, 133; le Moulin à eau, d'après Ruysdaël, 135, la marge du haut *froissée* et *enfu-
mée;* le Moulin de Ruysdaël, 136. 6 Pièces.

323 Pays coupé par un chemin où un homme se re-
pose, 137, *avant l'astérisque;* Pâtre avec un
Taureau traversant une rivière, 138; le Repos
des Faucheurs, 139; Paysage, d'après Poussin, 141. 4 Pièces.

324 Les Charlatans, 140 : deux épr. dont une *sur sa-
tin*, dans l'autre, les angles mal formés; *avant
le ciel* terminé, et *avant l'astérisque.* 2 Pièces.

325 Intérieur d'une forêt, épr. de la planche terminée, n° 55, la marge *froissée* et un peu *déchirée.*

326 Deux autres grandes Pièces, l'une d'après Wi-
nants, l'autre d'après Ruysdaël, 129 et 134.

BOISSIEU (C.-V. de),

327 Serrurier à sa forge, d'après Lenain; Paysages;
Portrait du chevalier de Valons; Etudes diverses. 21 Pièces.

DREVET (Pierre-Imbert).

328 Portraits de Rigaud, de sa Mère, etc. 9 Pièces.

329 Samuel Bernard, Adrienne le Couvreur et autres. 5 Pièces.

330 Portraits de Bossuet, Cardinal Dubois, Dodun, etc.
11 Pièces.

DAULLÉ (Jean).

331 Jupiter amoureux de Calisto, d'après le Poussin;
le Sérail du Doguin, d'après Oudry; le fils de
Rubens, J.-B. Rousseau, etc. 24 Pièces.

DESPLACES et LIOTARD.

332 Sujets divers, d'après Le Brun, Coypel, Watteau, etc. 16 Pièces.

LARMESSIN (Nicolas de).

333 Le Christ portant la Croix, d'après Raphaël; divers Sujets d'après Lancret; Portraits de Coustou, etc. 9 Pièces.

MOYREAU (Jean).

334 Le Passage de l'eau et la Diligence, d'après Wouwermans; plusieurs Sujets d'après Watteau, etc. 10 Pièces.

SURUGUE.

335 Sujets divers, d'après Rembrandt, Watteau, Coypel et de Troy; divers Portraits. 13 P.

TARDIEU (les).

336 Bataille et Triomphe de Constantine, d'après Le Brun; Portrait de Marie de Pologne et autres; Études et Vignettes 51 Pièces.

CAYLUS (Philippe, Comte de).

337 Histoire de Joseph, d'après Rembrandt, 10 P. Divers autres Sujets à l'eau-forte; en tout, 32 P.

GUÉLARD.

338 Animaux dans des Paysages, d'après Van Bloom; Singeries, Vignettes, etc. 17 Pièces.

BALECHOU (Jean-Jacques).

339 Sainte Geneviève, d'après Vanloo; Charles Coypel, etc. 13 Pièces.

340 La Tempête, d'après Vernet, avec la faute *compagine,* avec son pendant. 2 Pièces.

LEBAS (Jacques-Philippe).

341 Vues, Paysages, Sujets divers. 37 Pièces.

342 Halte des Gardes Suisses, les Écosseuses de pois, le Matin, etc. 5 Pièces.

COCHIN (Charles-Nicolas).

343 L'Amour au Théâtre Italien, d'après Watteau;
    David jouant de la harpe devant Saül, d'après
    Vanloo; Pompe funèbre de la Reine de Sar-
    daigne; Suite de Vignettes, Plafonds et Orne-
    mens. 101 Pièces.

CHENU (Pierre).

344 Le Vielleur hollandais, d'après Ostade; Portraits,
    Vignettes. 7 Pièces.

FESSARD (Étienne).

345 Les Ouvriers de la Vigne, d'après Rembrandt; la
    Lumière du Monde, d'après Boucher; autres
    Sujets et Vignettes. 72 Pièces.

FLIPART.

346 La Madeleine, d'après LeBrun; Chasse au Tigre,
    d'après Boucher; Vignettes. 25 Pièces.

RAVENET.

347 La Madone de Scudella, d'après le Corrége; la
    Charité, d'après Mortimer, etc. 16 Pièces.

STRANGE (Robert).

348 Le Christ apparaissant aux saintes Femmes,
    d'après le Guerchin; Apollon récompensant le
    Mérite, d'après André Sacchi; divers Sujets
    historiques. 6 Pièces.

BEAUVARLET (Jacques-Firmin).

349 Deux Sujets de l'Histoire d'Esther, l'Enlèvement
    d'Europe, Portraits du comte d'Artois et de
    Mademoiselle, le Jeu de Trictrac, d'après Os-
    tade; différens Portraits. 25 Pièces.

DUFLOS (Claude).

350 Sainte Cécile, d'après Mignard; Vues, Portraits,
Vignettes. 47 Pièces.

DEMARTEAU.

351 Son OEuvre, composé de Paysages, Sujets galans,
Études, Allégories, d'ap. Boucher, Cochin, etc.
165 Pièces.

CHOFFARD (Pierre-Philippe).

352 Divers Sujets, Frontispices. 18 Pièces.

SAINT-AUBIN (Gabriel de).

353 Sujets divers, Vues, Vignettes. 26 Pièces.

DE LAUNAY.

354 Sujets et Vignettes pour divers Ouvrages, dont
Émile, de Rousseau, grand in-4°. 45 Pièces.

LE VEAU.

355 Vignettes pour les Métamorphoses d'Ovide et
autres. 29 Pièces.

FICQUET (Étienne).

356 Portraits de La Fontaine, épr. avec la fable du
Loup et de l'Agneau, Lamothe le Vayer,
Descartes, Molière. 4 Pièces.

GAUCHER et DUCLOS.

357 Portraits et Vignettes. 47 Pièces.

VIVARES (François).

358 Académies d'apr. Vanloo; Vues et Paysages d'apr.
Berghem, Cuyp, Claude Lorrain et autres. 15 P.

DAUDET (Jean-Baptiste).

359 Paysages d'après Berghem, Vander Meulen, etc.:
avant et avec la lettre. 8 Pièces.

MIRE (Noel le).

360 Vignettes pour divers ouvrages. 143 Pièces.

BAQUOY.

361 Vignettes pour divers ouvrages. 39 Pièces.

LONGUEIL (Joseph de).

362 Vues, Paysages, Vignettes, etc. 102 Pièces.

ROBERT (Hubert).

363 Les Soirées de Rome. 14 Pièces.

BRICEAU.

364 Vues et Vignettes dans la manière du crayon ou
coloriées. 13 Pièces.

CHARPENTIER.

365 Le Préjugé de l'Enfance, d'apr. Greuze, etc. 13 P.

MOITTE.

366 Le Jugement de Pâris, d'après Rubens; Costumes
d'après Greuze; autres Sujets. 18 Pièces.

367 Sujets pour la Révolution française : *épr. avant
les raies.* 7 Pièces.

GODEFROY père et fils.

368 Vues, Paysages, Pierres gravées, Vignettes. 26 P.

MASQUELIER (Louis-Joseph).

369 Pierres gravées pour la galerie de Florence, Vues,
Paysages, Vignettes. 25 Pièces.

HELMAN (Isidore-Stanislas).

370 Scènes de la Révolution : *avant la let.* 16 Feuilles.

PATAS et PONCE.

371 Pierres gravées pour la galerie de Florence, et
Vignettes. 22 Pièces.

MARTINI (Pierre-Antoine).

372 Un Plafond, d'après Solimènes; Vues d'après
Vernet; Scènes familières, dont une d'après
Rembrandt. 7 Pièces.

JANINET (François).

373 Vues, Vignettes, Gravures coloriées et manière
de lavis. 8 Pièces.

DE GHENDT.

374 Vues, Paysages, Vignettes. 41 Pièces.

BERTHAULT et **PREVOST.**

375 Peintures d'Herculanum, Vues diverses, Vignettes. 43 Pièces.

DUPLESSIS-BERTAUX.

376 Histoire de l'Enfant prodigue, Suite de Métiers, etc. 65 Pièces.

PARISEAU.

377 Différentes Compositions, Bas-Reliefs et Vases.
49 Pièces.

COUCHÉ (Jean).

378 Différentes Vues, Animaux, d'après Paul Potter,
grav. dans le goût du crayon. 8 Pièces.

DUPARC.

379 Vues et Vignettes. 9 Pièces.

DAMBRUN.

380 Vues et Vignettes, *avant et avec la let.* 12 P.

DEQUEVAUVILLERS.

381 Procession de Sainte-Rosalie à Palerme, Bataille
de Marengo, etc. 7 Pièces.

BOUVIER.

382 Portraits de l'Arioste, d'après le Titien, *une épr. avant la let.;* de Cervantes, d'après Vélasquez, une épr. papier de Chine, et autres. 7 Pièces.

PRUDHON fils.

383 La Colombe, la Dévideuse, la Fileuse, etc. 4 P.

BLOT (Maurice).

384 Le Contrat, d'après Fragonard; Portraits d'Annibal Carrache et de Van Dyck. 3 Pièces.

MASSARD (Jean).

385 Vignettes pour différens ouvrages. 44 Pièces.

INGOUF jeune (François-Robert).

386 Canadiens au tombeau de leur enfant, deux épr. dont une à l'eau-forte; Vignettes et Portraits. 40 Pièces.

AUDOUIN.

387 Apollon couronnant la Vérité, d'après Landon; Portraits de Louis XVIII et autres. 4 Pièces.

BERWIC (Jean-Guillaume).

388 Saint Jean, d'après Raphaël; l'Innocence, d'après Mérimée. 2 Pièces.

DESNOYERS (Auguste-Boucher).

389 Vénus désarmant l'Amour, la Foi, l'Espérance et la Charité. 4 Pièces.

PRADIER.

390 Portrait en pied de Jean VI, Roi de Portugal : *av. la let.*, mais rogné, trois autres en buste. 4 P.

PEINTRES ET GRAVEURS ANGLAIS.

BAILLIE (Guillaume).

391 Susanne et les Vieillards devant Daniel, d'après
Eckout; deux Têtes de Vieillard. 3 Pièces.

HOGARTH (Guillaume).

392 Histoire de l'Apprenti industrieux et de l'indolent.
12 Pièces. L'Usage de la bière et de l'eau-de-
vie; les Recrus en France et en Angleterre; le
Poète et le Musicien, Portraits de Garrick
dans le rôle de Richard III, etc. 26 Pièces.
Plusieurs sont défectueuses.

JACKSON.

393 Tableaux de Venise gravés en camaïeu. 15 P.

SMITH (Jean).

394 Portraits de Jacques Ier, Charles II, Georges Ier,
Guillaume III, rois d'Angleterre; Georges,
prince de Danemarck; le duc de Glocester et
B. Bathurst; Frédéric, duc de Schomberg, etc.

395 La reine Marie, la reine Anne, la duchesse de
Saint - Alban, lady Essex, lady Torrington,
mistriss Warner, Sherard, Avenant, etc. 13 P.

GREEN (Valentin).

396 Deux Portraits d'après West et Kettle.

EARLOM (Richard).

397 Vierges d'après C. Dolci, Cautarini et Guerchin;
Portrait de la marquise de Warton, etc. 5 P.

ARDELL (Jacques-Mac).

398 Portraits de lady Charlotte Fits-Willhams, Arth.

Dobbs, le révérend Thomas Gooch, Garrick dans le rôle du roi Lear; deux Têtes d'après Rembrandt, etc.

FABER (J.).

399 Portraits de John Willes, Arth. Ouslow, Villiams Lees, Henry Clarke, Godefroy Kneller, etc. 9 Pièces.

REYNOLDS (Josué).

400 Sainte Agnès, grav. au burin; l'Homme entre le Vice et la Vertu, grav. par Fischer; l'Amour et Mercure, grav. par Dean. 4 Pièces.

401 Portaits de lady Caroline Russell, lady Anne Campbel, les comtesses d'Essex et de Berkley, Charlotte Johnston, M⁸⁸ Cholmondley, etc. 13 P.

HOUSTON (R.).

402 Portraits de la reine Charlotte d'Angleterre, de la princesse Charlotte de Meklembourg, de la comtesse de Northumberland, la duchesse d'Ancaster, du général Wolff; deux Têtes d'après Rembrandt, etc. 13 Pièces.

WATSON (J.).

403 Portraits des Dˡˡᵉˢ Carpenters, la comtesse de Waldegrave, etc. 7 Pièces.

SPONNER (C.).

404 Portraits de Georges II et Georges III, de la reine Charlotte, les ducs d'Yorck et de Cumberland, Guillaume Pitt, le général Wolff, David Garrick, etc. 17 Pièces.

SMITH DE CHICHESTER (LES FRÈRES).

405 Leurs portraits gravés par Pether; deux Pay-

sages, dont un gravé par Wollett; une Marine
et cinq Paysages à l'eau-forte par Georges
Smith. En tout 9 Pièces.

VOLLETT (Williams).

406 Les Paysans joyeux et les Campagnards, d'après
du Sart, etc. 3 Pièces.

SULLIVAN (Luke).

407 Diverses Vues de châteaux et jardins d'Angleterre. 8 Pièces.

ELLIOTT (Guillaume).

408 Quatre Paysages d'après G. Smith et Brinckman,
et six Vignettes d'après Cochin. En tout 11 P.

TRESHAM (Henri).

409 Adam et Ève, gravés par Schiavonetti; l'Histoire
de Sapho, gravée au lavis. Suite incomplète et
défectueuse. En tout 15 Pièces.

SAINT-AUBIN (Catherine).

410 Etudes et Portraits, un Paysage, Vue du Mont-
Saint-Michel, grav. à l'eau-forte en 1788 et
et 1789. 11 Pièces *rares.*

———

411 Divers Sujets gravés à l'eau-forte par Samuel
Bottschild, Van Raysschoot, C. Morley, R. Gaywood, J. Griffier et P. Landry. 7 Pièces.

412 Sujets historiques, Paysages, Études, grav. à
l'eau-forte par Jos. Goupil, J. Stuart, H. Win-
stanley, W. Ryland, Howyth, Th. Watson,
B. Wilson et Th. Worlidge. 12 Pièces.

413 Plusieurs Paysages, Portraits et Vignettes gravés à
l'eau-forte, savoir: 18 Pièces; Emmerick, 9 P.;

Bannerman, 8 P.; Proberts, 6 P.; S. Parrow, 12 P. par C. Grignion; 3 de l'Histoire de Gulliver par C. Du Bosc, Baron. En tout 56 Pièces.

414 Sujets divers peints ou gravés en Angleterre. 32 P.
Cet article sera divisé.

ESTAMPES DIVERSES.

415 Estampes anciennes et modernes d'après divers Maîtres. 800 Pièces.
Cet article sera divisé.

416 Gravures à l'eau-forte par divers Graveurs. 169 P.
Cet article sera divisé.

417 Vignettes diverses pour les Métamorphoses d'Ovide, la Henriade, l'Émile, la Révolution de 93, et divers autres ouvrages, etc. 516 Pièces.
Cet article sera divisé.

418 Topographie française et étrangère. 275 Pièces.
Cet article sera divisé.

419 Ornemens d'Orfévrerie par divers. 118 Pièces.

420 Les articles omis au présent Catalogue, seront vendus sous ce numéro.

PORTRAITS.

421 Portraits : Vossius, par Matham; Boucher, par Dagoty; Coyzevox et Coypel, par J. Audran; La Fontaine, par Fiquet; Pascal, par Bradel; Ducis, par Avril; Targe, par Henriquez; le Prince de Condé, par Savart; Raphaël Donner, par J. Schmutzer; Suites de Portraits par June; comte de Vergennes, par Vangelisti, et autres. 241 Pièces.
Cet article sera divisé.

Imprimerie d'Ad. Moëssard et Jousset, rue de Furstemberg, 8.

www.ingramcontent.com/pod-product-compliance
Ingram Content Group UK Ltd.
Pitfield, Milton Keynes, MK11 3LW, UK
UKHW021128140726
13695UKWH00004B/1767